Just Puzzling!

Crosswords & Word Searches

Your first stop for fun and learning!

D1455437

Brighter Child®
An imprint of Carson-Dellosa Publishing LLC
Greensboro, North Carolina

Brighter Child®
An imprint of Carson-Dellosa Publishing LLC
P.O. Box 35665
Greensboro, NC 27425 USA

Printed in the USA • All rights reserved.   ISBN 978-1-60996-973-8

01-086121151

Table of Contents

Crosswords

Word Searches

J, K, L Words

Directions: Read the word for each number. Then, write the word by that number in the puzzle.

Across

3.  leaves

5.  jaguar

Down

1. letters

2. key

4.  log

5.  jet

R Is for Roses

Directions: Write the missing letters in the puzzle. Use the words in the Word Box.

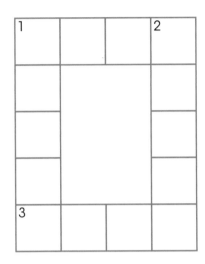

Across

1.

3.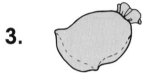

Down

1.

2.

raft

track

roses

sack

Q and U Too

Directions: Use the pictures to help you read the words. Then, write the words in the puzzle.

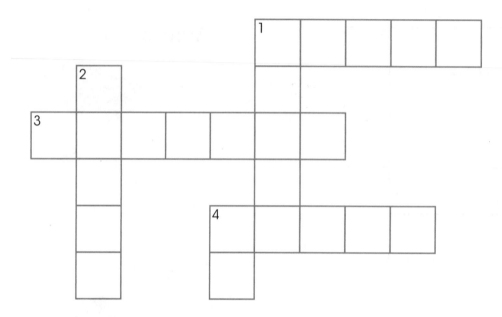

Across

1. quick

3. quarter

4.  under

Down

1. queen

2.  quack

4. up

What's Missing?

Directions: Write the vowels that complete each word.

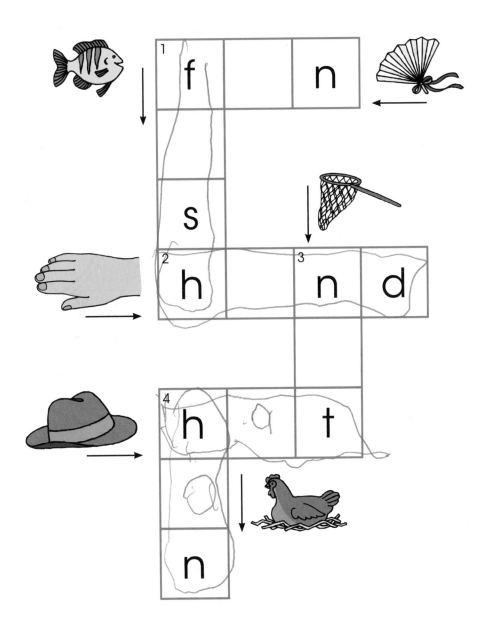

Up in the Sky

Directions: Write the words in the puzzle.

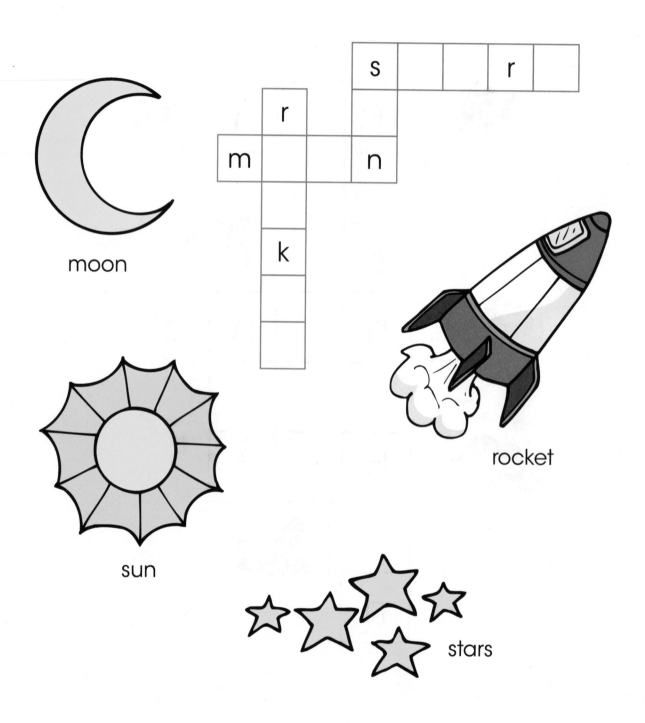

moon

sun

rocket

stars

Little Critters

Directions: Write the words in the puzzle.

frog

fish

turtle

lizard

snake

Fill Them In

Directions: Write the vowel to complete each word.

Boxy Fun

Directions: Write the missing letters in the puzzle. Use the words in the Word Box.

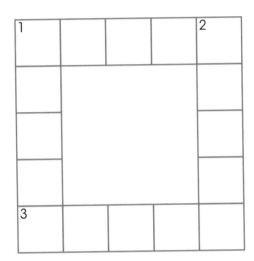

Across

1.

3.

Down

1.

2.

paint

toast

peach

heart

Sweet Babies

Directions: Write the names of the baby animals in the puzzle. Use the words in the box to help you.

| fawn |
| calf |
| duckling |
| puppy |
| kitten |

Fruity Fun

Directions: Read the word for each picture. Then, write the words in the puzzle.

Across

 2. plum

 **3.** apple

 5. grapes

Down

 1. orange

 2. pear

 4. peach

14

Fun Foods

Directions: Write the food words in the puzzle. Use the Word Box to check your spelling.

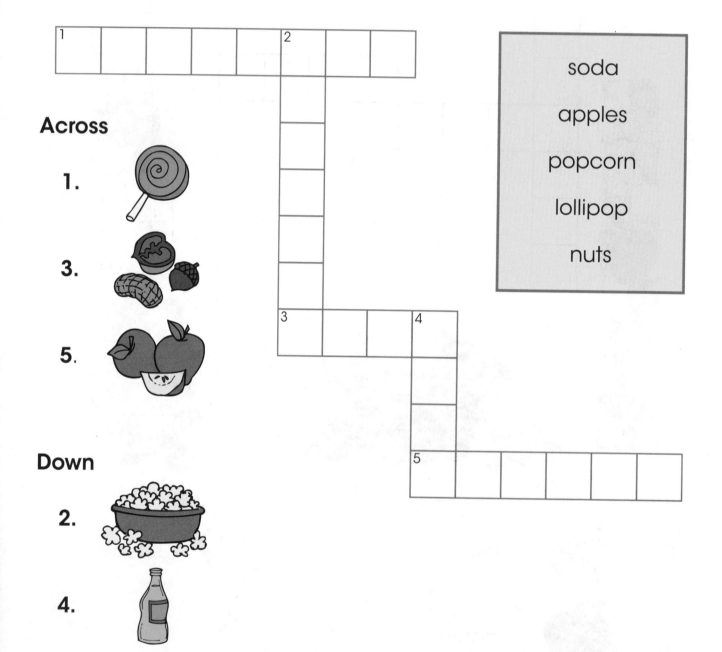

Across

1.

3.

5.

Down

2.

4.

soda

apples

popcorn

lollipop

nuts

Squaring Up

Directions: Use a word from the box to complete each sentence. Then, write each word in the puzzle.

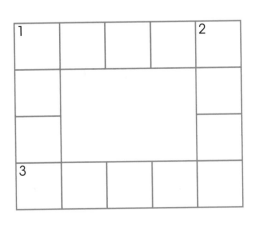

kite

caps

snake

clock

Across

1. The __ __ __ __ __ said two o'clock.

3. The __ __ __ __ __ slithered in the grass.

Down

1. Tommy has three baseball __ __ __ __.

2. I flew my __ __ __ __ at the beach.

Shapely Words

Directions: Use a word from the Word Box to finish each sentence. Then, use the words in the puzzle.

Across

1. The _____ crept across the grass.

3. I pulled Kevin in the _____ .

Down

1. I like to play in _____ .

2. The _____ roared.

snow

wagon

lion

snail

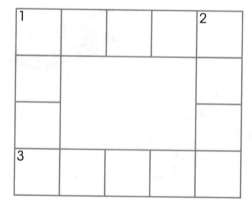

Puzzling Words

Directions: Fill in the blanks with **s**, **sl**, **sm**, **sn**, or **st**. Then, write the words in the puzzle.

1. __ __ ed

2. __ __ amp

3. __ __ ow

4. __ __ ide

5. __ eal

6.  __ __ ile

7.  __ __ ail

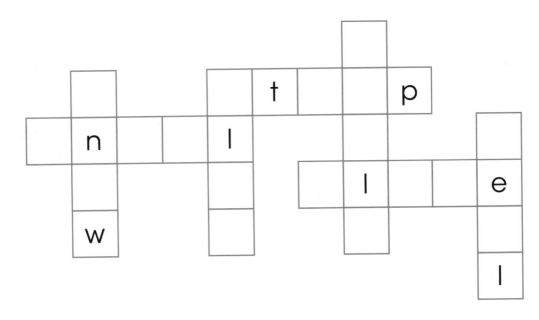

Q + U

Directions: Use the pictures to help you read the words. Then, write the words in the puzzle.

Across

1. quiet

3. quarter

4. quail

5. unicorn

Down

2. umbrella

4. queen

Pet Time

Directions: Look in the bone for the things you might need for a new pet. Then, write the words in the puzzle.

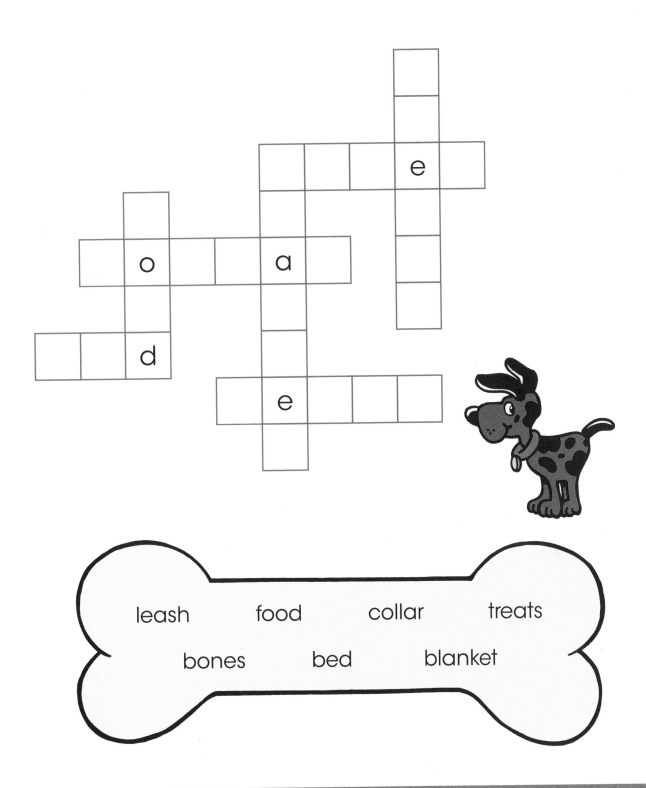

leash   food   collar   treats

bones   bed   blanket

Shape Up

Directions: Write the word for each shape.

Across

2.

4.

5.

6.

oval	rectangle
circle	square
triangle	octagon

Down

1.

3.

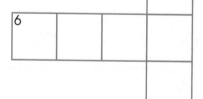

Rhyme Time

Directions: Use the words in the box to complete the puzzle.

Across
1. It rhymes with **cake**.
2. It rhymes with **day**.
3. It rhymes with **damp**.
6. It rhymes with **light**.

Down
1. It rhymes with **dizzy**.
2. It rhymes with **space**.
4. It rhymes with **hairy**.
5. It rhymes with **far**.

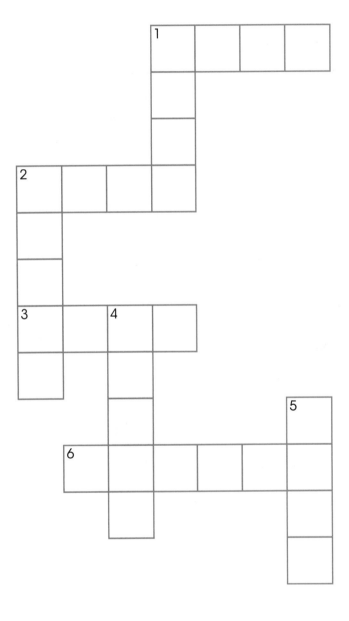

| play | bake | busy | place |
| bright | camp | merry | star |

Large or Small?

Directions: Write the words in the puzzle.

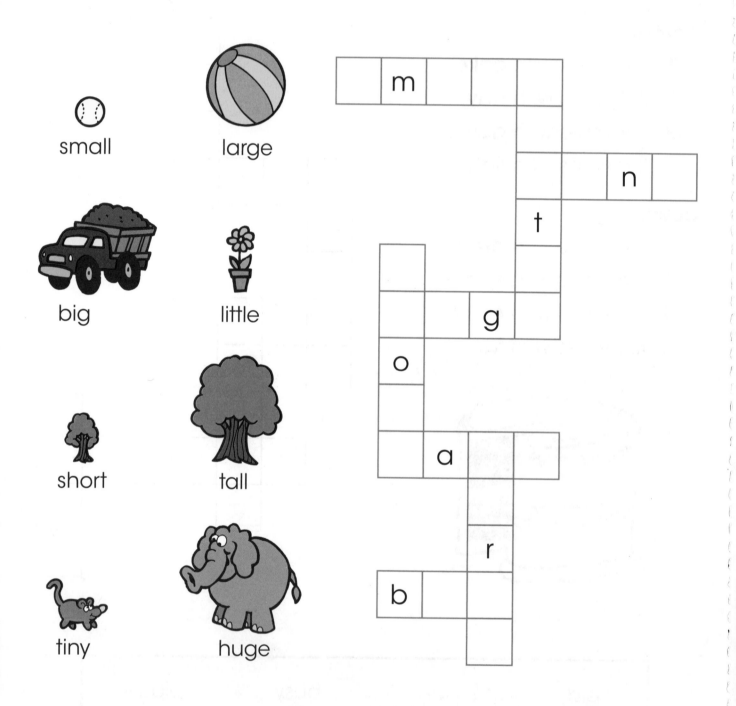

small

large

big

little

short

tall

tiny

huge

Big B Words

Directions: Write the words for each picture. Use the words in the Word Box.

Across

2.

4.

5.

Down

1.

2.

3.

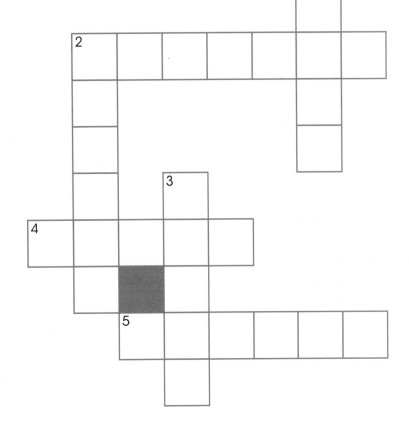

| bend | button | boxes |
| bright | bubbles | bears |

What's the Mystery?

Directions: Use the pictures to help you fill in the puzzle. Then, use the words you wrote in the sentences below.

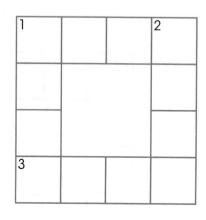

leak

lock

mail

meal

Across

1. He ate the ___ ___ ___ ___.

3. The ___ ___ ___ ___ is on the door.

Down

1. Please open the ___ ___ ___ ___.

2. Does that pipe ___ ___ ___ ___?

Little Ones

Directions: Write the names of the young animals in the puzzle. Let the pictures and words help you.

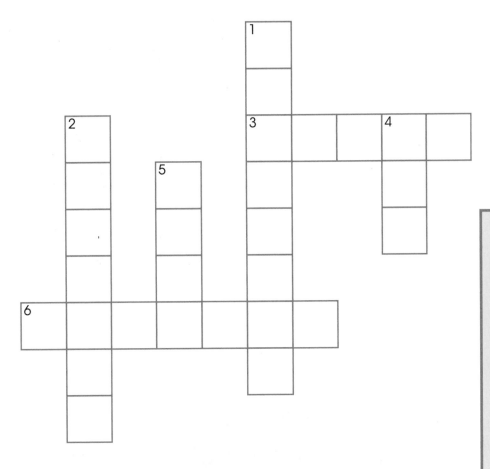

puppies

cub

duckling

chick

kittens

colt

Across

3.

6.

Down

1.

2.

4.

5.

It's a Square

Directions: Use the words in the Word Box to finish each sentence. Then, use the same words in the puzzle.

Across

1. He is at _____.

3. I will ride my _____ .

Down

1. Mother will _____ us.

2. It is an _____ job.

home

easy

help

pony

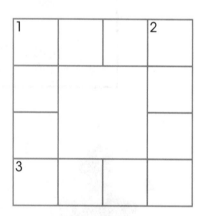

School Spirit

Directions: Count the items. Then, use the Word Box to help you write the number words in the puzzles.

Across

2.

Down

1.

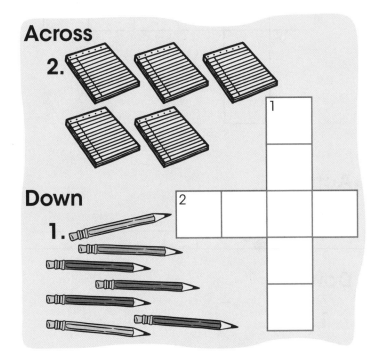

seven   eight   one
two   four   five

Across

2.

Down

1.

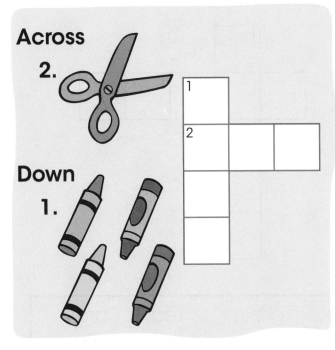

Across

1.

Down

2.

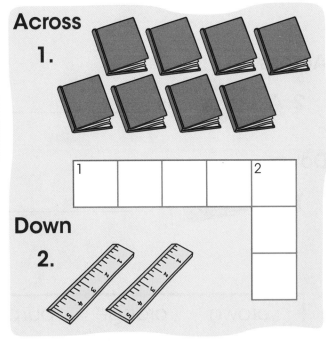

Oops!

Directions: Use the Word Box to help you find answers to the clues. Then, write them in the puzzles.

Across

1. A is _____ .

Down

2. An is _____ .

Across

2. are _____ .

Down

1. An 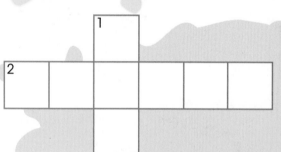 is _____ .

Across

2. A  is _____ .

Down

1. A 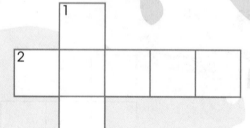 is _____ .

| brown | orange | purple | green | red | gray |

Astro Adventure

Directions: Use the Word Box to help you find words that match the pictures. Then, write them in the puzzle.

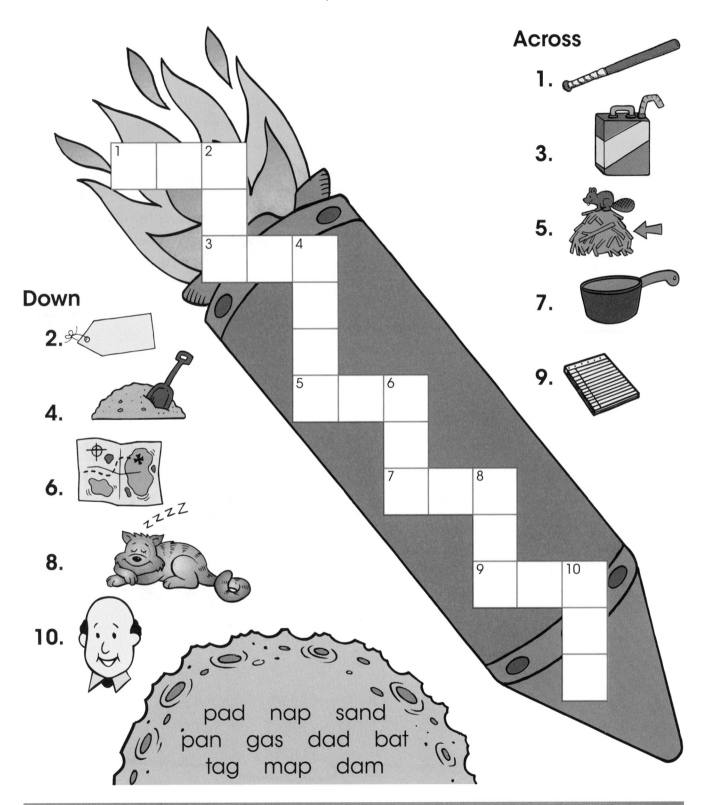

Across

1.
3.
5.
7.
9.

Down

2.
4.
6.
8.
10.

pad nap sand
pan gas dad bat
tag map dam

Umbrellas Up!

Directions: Use the Word Box to help you find words that match the pictures. Then, write them in the puzzle.

Across

1.
3.
5.
7.
9.

Down

2.
4.
5.
6.
8.
10.

mug   bus   sun   pup   hut
gum   hump   bug   sub   plum
nuts

Don't Just Sit There!

Directions: Use the Word Box to help you find words that match the pictures. Then, write them in the puzzle.

Across

3.

7.

4.

8.

6.

dinner dime desk
dock dust donkey
deer dent down
drum dress

Down

1.

2.

3.

4.

5.

7.

Hit the Hay!

Directions: Use the Word Box to help you find words that match the pictures. Then, write them in the puzzle.

Across

1.

3.

4.

5.

6.

7.

hop   hole   hill
happy   helmet
hen   hose
hut   hay   hand
hammer   hat

Down

1.

2.

3.

4.

6.

7.

Climbing Koala

Directions: Use the Word Box to help you find words that match the pictures. Then, write them in the puzzle.

Across

1.
3.
4.
6.
7.

Down

1.
2.
3.
4.
5.

king   keys   kite   kettle
kangaroo   kits   koala bear
kick   kitten   kind

Is It Really Magic?

Directions: Use the Word Box to help you find words that match the pictures. Then, write them in the puzzle.

Across

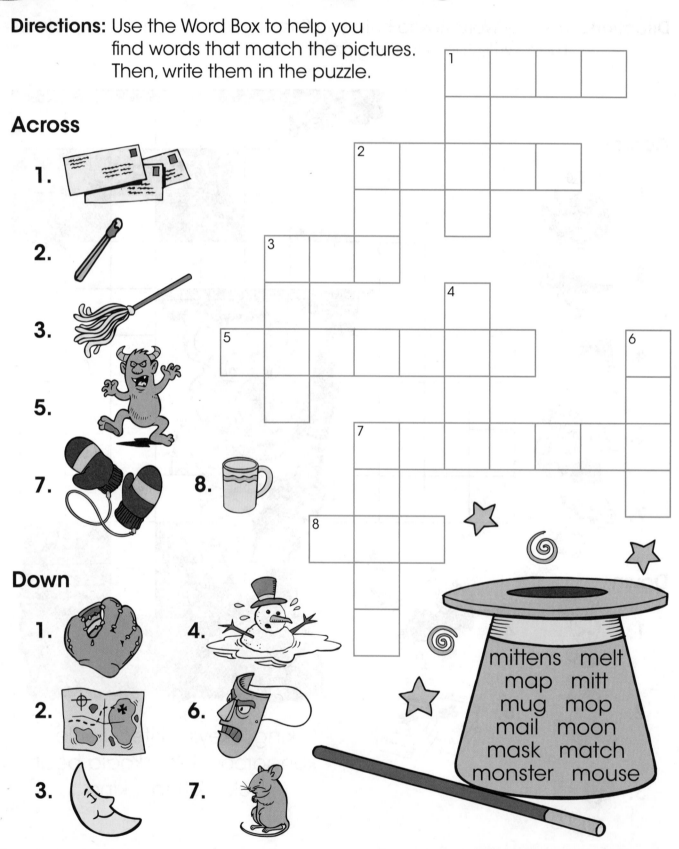

1.

2.

3.

5.

7.

8.

Down

1.

2.

3.

4.

6.

7.

mittens   melt
map   mitt
mug   mop
mail   moon
mask   match
monster   mouse

Nap Time in the Nest

Directions: Use the Word Box to help you find words that match the pictures. Then, write them in the puzzle.

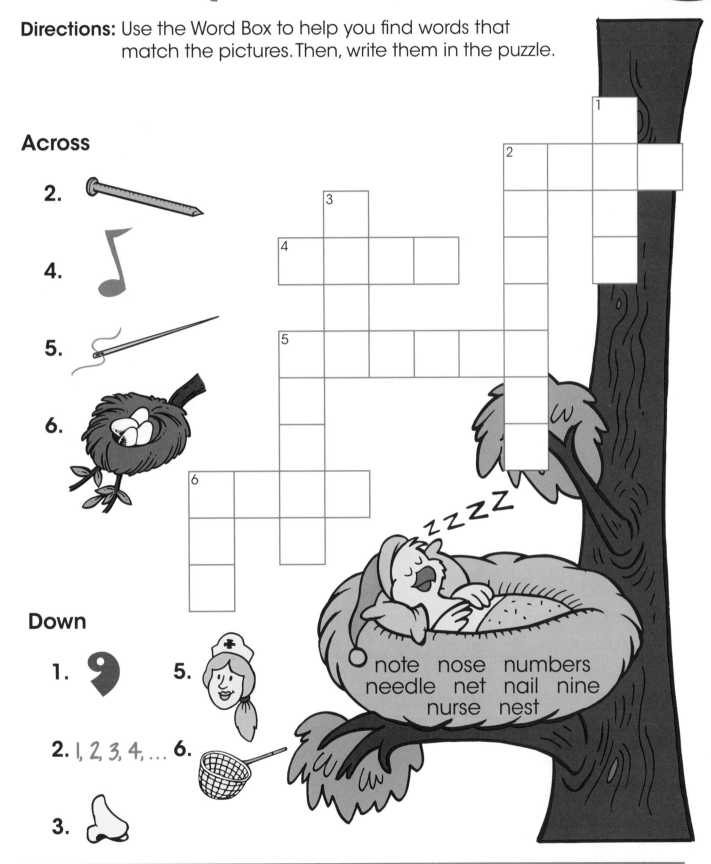

Across

2.

4.

5.

6.

Down

1.

2. 1, 2, 3, 4, …

3.

5.

6.

note   nose   numbers
needle   net   nail   nine
nurse   nest

Ready Your Robot

Directions: Use the Word Box to help you find words that match the pictures. Then, write them in the puzzle.

Across

2.

4.

5.

6.

7.

Down

1.

2.

3.

4.

5.

Word Box

rope
road
robe
race
rake
raft
raindrop
ribbon
rabbit
read

Veggie Delight

Directions: Use the Word Box to help you find words that match the pictures. Then, write them in the puzzle.

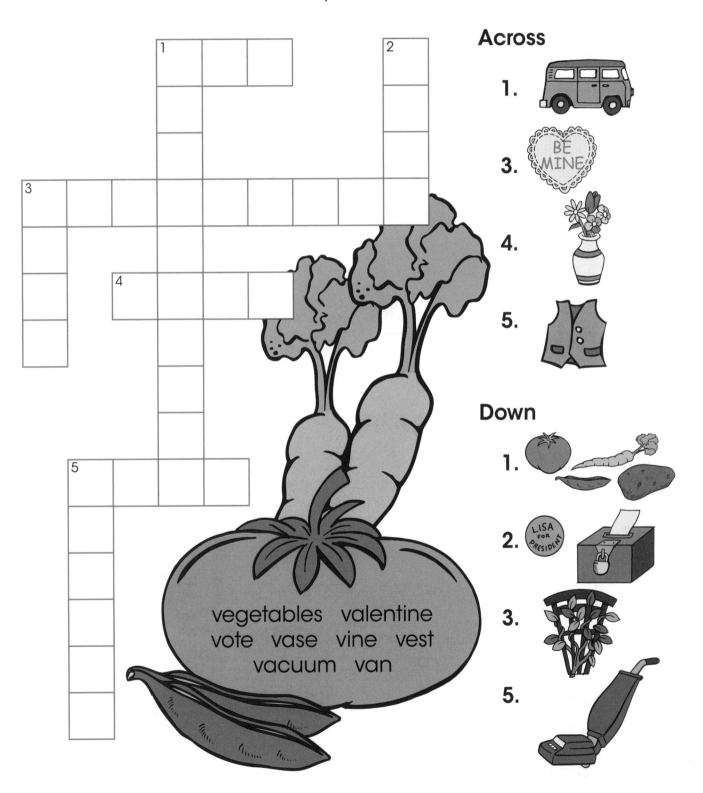

Across

1.
3.
4.
5.

Down

1.
2.
3.
5.

vegetables valentine
vote vase vine vest
vacuum van

Just Clowning Around

Directions: Count the ⬤s. Write the number words in the puzzle. Use the Word Box to help you.

> three   eight
> one   six   zero   ten
> five   nine   four
> seven   two

Across

2.
3.
5.
6.
8.

Down

1.
2.
3.
4.
7.
8.

What Begins with A?

Directions: Find and circle the words in the puzzle.

```
x a c o r n e r
c s a x i k w a
x a c a d d o p
n n e m a d t e
z t f v c g a h
z o f a p p l e
```

ax

$$\begin{array}{r} 2 \\ + 2 \\ \hline 4 \end{array}$$

add

apple

ant

ape

acorn

What Begins with B?

Directions: Find and circle the words in the puzzle.

x	z	r	t	a	g	i	b
m	k	j	b	o	o	k	u
b	l	c	q	b	p	h	t
a	b	a	n	a	n	a	t
l	b	a	t	f	n	o	o
l	d	e	b	a	b	y	n

bat

ball

baby

book

banana

button

What Begins with C?

Directions: Find and circle the words in the puzzle.

```
c  x  c  a  r  r  o  t
l  o  y  c  u  a  c  z
o  d  v  e  b  c  a  r
c  c  a  k  e  a  n  s
k  w  p  q  g  t  t  f
c  o  m  p  u  t  e  r
```

 can

 cat

 cake

 clock

 carrot

 computer

What Begins with D?

Directions: Find and circle the words in the puzzle.

u	t	j	d	o	v	d	d
d	h	k	o	e	x	w	e
o	p	f	l	d	o	g	s
o	q	i	l	y	z	a	k
r	d	r	a	g	o	n	c
r	s	g	d	u	c	k	b

 dog

 duck

desk

 door

 doll

 dragon

What Begins with E?

Directions: Find and circle the words in the puzzle.

```
e  a  s  t  v  c  p  y
u  r  q  d  e  e  l  b
e  l  e  p  h  a  n  t
e  s  f  e  e  x  i  t
g  t  o  s  a  z  m  w
g  e  a  g  l  e  n  x
```

 eel

 egg

 **E** east

 exit

 eagle

 elephant

What Begins with F?

Directions: Find and circle the words in the puzzle.

f	h	g	f	i	r	e	t
l	x	y	v	j	i	s	u
o	f	e	a	t	h	e	r
w	f	w	r	k	l	m	q
e	a	z	f	o	o	t	p
r	n	f	i	s	h	n	o

 fan

 fire

 fish

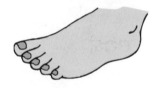 foot

 feather

 flower

What Begins with G?

Directions: Find and circle the words in the puzzle.

v	q	g	a	t	e	w	j
o	g	p	g	y	x	g	f
g	i	n	l	g	o	a	t
a	f	u	o	i	h	e	m
s	t	b	b	g	a	m	e
c	t	z	e	a	d	l	k

 gas

 gate

 game

 gift

 goat

 globe

What Begins with H?

Directions: Find and circle the words in the puzzle.

```
k  w  q  h  o  r  s  e
v  h  o  h  n  a  g  l
j  i  b  e  h  a  n  d
h  l  p  a  x  y  z  m
a  l  d  r  c  f  h  i
t  u  e  t  h  e  a  d
```

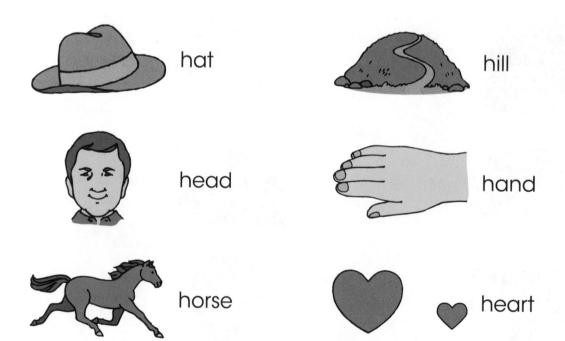

hat

hill

head

hand

horse

heart

What Begins with I?

Directions: Find and circle the words in the puzzle.

t	h	v	a	x	y	z	i
i	u	i	n	k	i	j	g
v	s	b	w	f	o	c	l
y	i	g	u	a	n	a	o
r	i	c	e	n	p	k	o
g	q	i	r	o	n	l	m

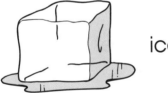 ice

 ink

 ivy

iron

igloo

 iguana

What Begins with J?

Directions: Find and circle the words in the puzzle.

s	x	j	w	y	z	b	j
t	r	a	j	a	r	e	u
j	v	g	a	d	k	l	i
u	q	u	c	j	e	t	c
g	j	a	o	i	n	f	e
u	p	r	j	a	m	g	h

jam

jet

jar

jug

juice

jaguar

What Begins with K?

Directions: Find and circle the words in the puzzle.

```
k  g  n  o  k  e  y  z
i  p  k  i  t  t  e  n
n  k  o  a  l  a  a  q
g  f  m  i  j  b  k  l
k  a  n  g  a  r  o  o
e  d  h  c  k  i  t  e
```

 key

 kite

 king

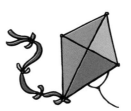 koala

 kitten

 kangaroo

What Begins with L?

Directions: Find and circle the words in the puzzle.

l	a	m	b	h	i	r	l
g	j	k	l	a	m	p	i
o	l	l	e	m	o	n	o
l	e	a	f	p	q	s	n
l	a	d	y	b	u	g	v
m	n	l	a	x	b	u	t

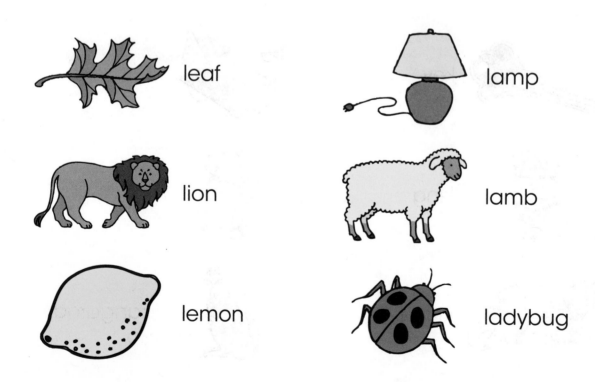

leaf

lamp

lion

lamb

lemon

ladybug

What Begins with M?

Directions: Find and circle the words in the puzzle.

m	k	m	a	s	k	g	q
o	w	i	h	s	r	m	j
u	m	o	n	e	y	i	d
s	v	x	f	y	e	l	z
e	m	a	n	c	b	k	a
u	t	m	a	g	n	e	t

 man

 mask

 milk

 mouse

 money

 magnet

What Begins with N?

Directions: Find and circle the words in the puzzle.

```
c  d  x  m  e  f  n  g
n  i  c  k  e  l  e  k
i  n  y  j  i  h  e  n
c  o  a  z  l  v  d  u
b  s  n  a  i  l  l  t
w  e  n  e  s  t  e  u
```

nut   nest

nail   nose

nickel   needle

What Begins with O?

Directions: Find and circle the words in the puzzle.

o	y	p	h	i	o	n	b
c	q	o	p	e	n	o	r
e	g	o	x	z	j	i	c
a	f	r	e	a	d	l	k
n	o	c	t	o	p	u	s
o	s	t	r	i	c	h	m

ox

oil

open

ocean

ostrich

octopus

What Begins with P?

Directions: Find and circle the words in the puzzle.

p	s	t	v	u	x	w	p
a	g	p	a	i	n	t	e
r	r	h	i	y	z	a	n
r	f	p	i	e	p	d	c
o	q	j	e	c	a	b	i
t	p	i	g	p	n	o	l

pan

pig

pie

paint

pencil

parrot

What Begins with Q?

Directions: Find and circle the words in the puzzle.

```
q  q  u  a  r  t  e  r
u  g  v  h  i  u  y  z
i  w  q  u  e  e  n  a
l  x  e  d  q  j  t  b
t  f  q  r  c  s  l  k
q  u  e  s  t  i  o  n
```

 queen

 quilt

 quarter

 question

What Begins with R?

Directions: Find and circle the words in the puzzle.

o	n	p	r	u	g	w	r
r	q	a	b	z	x	y	a
o	c	r	a	d	i	o	i
c	r	o	s	e	h	v	n
k	m	r	l	s	k	j	u
r	a	b	b	i	t	t	i

 rug

 rose

 rain

 rock

 radio

 rabbit

What Begins with S?

Directions: Find and circle the words in the puzzle.

s	a	n	d	w	i	c	h
o	s	s	u	n	s	x	b
e	m	g	s	y	l	t	s
p	i	r	e	s	i	u	t
f	l	d	a	v	d	c	a
q	e	w	l	z	e	a	r

 sun

 star

 seal

 slide

 smile

 sandwich

What Begins with T?

Directions: Find and circle the words in the puzzle.

v	w	x	r	s	o	p	q
t	u	t	i	g	e	r	t
r	j	w	v	h	y	g	r
a	l	t	i	r	e	z	e
i	t	u	r	k	e	y	e
n	k	t	i	e	m	f	n

tie

tree

tire

tiger

train

turkey

What Begins with U?

Directions: Find and circle the words in the puzzle.

u	n	i	c	o	r	n		u
u	q	z	y	x	q	w		v
p	u	n	h	a	p	p		y
u	n	i	c	y	c	l		e
u	n	d	e	r	r	s		t
u	m	b	r	e	l	l		a

 up

 under

 unicorn

 unhappy

 unicycle

 umbrella

What Begins with V?

Directions: Find and circle the words in the puzzle.

e	v	r	s	f	h	t	v
c	o	b	v	e	t	g	i
p	t	j	v	a	n	u	o
d	e	z	a	w	i	v	l
v	a	c	u	u	m	x	i
q	o	y	v	a	s	e	n

 van

 vet

 vote

 vase

violin

 vacuum

What Begins with W?

Directions: Find and circle the words in the puzzle.

```
w  k  x  u  w  n  q  r
a  w  w  a  t  e  r  w
g  o  i  j  v  t  s  a
o  r  w  a  t  c  h  v
n  m  g  l  p  m  o  e
h  w  i  n  d  o  w  f
```

 wave

 worm

 watch

 water

 wagon

 window

What Begins with X and Y?

Directions: Find and circle the words in the puzzle.

```
g  h  y  a  c  h  t  i
y  o  -  y  o  r  y  q
a  p  d  m  l  k  a  j
r  x  -  r  a  y  k  v
n  o  c  n  t  s  u  z
f  b  y  a  r  d  w  a
```

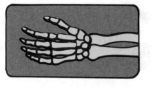 x-ray

 yak

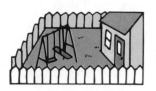 yard

 yarn

 yo-yo

 yacht

What Begins with Z?

Directions: Find and circle the words in the puzzle.

z	a	p	l	k	r	s	g
i	b	m	z	e	b	r	a
p	z	o	o	c	d	f	t
p	q	j	x	w	e	v	u
e	z	i	g	z	a	g	h
r	z	y	i	z	e	r	o

 zero

 zebra

 zigzag

 zoo

 zipper

Living Things

Directions: Find and circle the words in the puzzle.

m	x	c	b	a	b	y	s
g	m	a	n	p	b	r	a
r	n	o	y	z	q	h	t
a	f	l	o	w	e	r	u
s	w	d	o	g	v	i	d
s	l	k	t	r	e	e	j

dog

man

tree

baby

grass

flower

Nonliving Things

Directions: Find and circle the words in the puzzle.

```
g  y  c  l  b  s  k  c
c  b  o  o  k  h  m  l
a  b  a  l  l  j  t  o
r  z  f  a  i  u  n  c
d  p  e  n  c  i  l  k
e  x  d  o  l  l  v  w
```

 car

 doll

 ball

 book

 clock

 pencil

Pets

Directions: Find and circle the words in the puzzle.

r	y	l	i	j	k	h	f
a	h	a	m	s	t	e	r
b	z	f	i	s	h	c	g
b	a	c	a	t	d	u	e
i	t	u	r	t	l	e	v
t	x	w	m	d	o	g	b

cat

dog

fish

hamster

rabbit

turtle

On the Farm

Directions: Find and circle the words in the puzzle.

p	r	z	h	o	r	s	e
q	p	i	g	s	t	j	c
t	u	r	k	e	y	u	o
n	x	m	y	l	k	w	w
o	c	h	i	c	k	e	n
s	h	e	e	p	h	v	i

pig

cow

horse

sheep

turkey

chicken

At the Zoo

Directions: Find and circle the words in the puzzle.

```
s  p  e  a  c  o  c  k
e  u  v  y  x  b  z  a
a  g  o  r  i  l  l  a
l  w  s  t  i  g  e  r
e  l  e  p  h  a  n  t
t  g  i  r  a  f  f  e
```

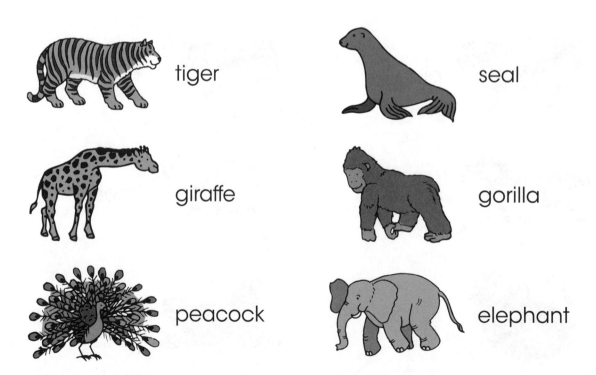

tiger

seal

giraffe

gorilla

peacock

elephant

In the Rainforest

Directions: Find and circle the words in the puzzle.

```
a n t e a t e r
s f j a g u a r r
l b g h j i e c
o t o u c a n d
t a m o n k e y
h i g u a n a z
```

 sloth

 monkey

 jaguar

 toucan

 iguana

 anteater

In the Ocean

Directions: Find and circle the words in the puzzle.

s	s	u	c	r	a	b	j
h	r	t	v	w	l	k	m
a	d	o	l	p	h	i	n
r	p	w	h	a	l	e	n
k	q	o	i	f	i	s	h
s	e	a	h	o	r	s	e

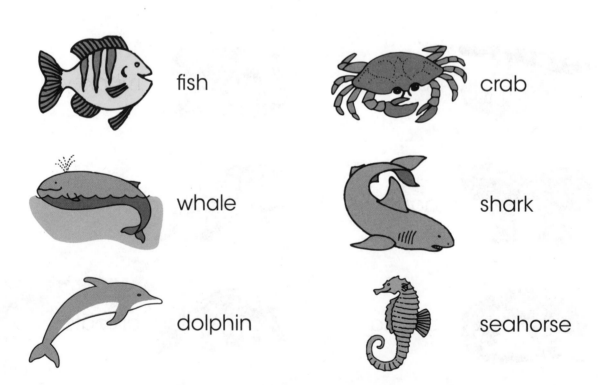

fish   crab

whale   shark

dolphin   seahorse

Woodland Animals

Directions: Find and circle the words in the puzzle.

r	a	c	c	o	o	n	t
n	a	b	e	a	v	e	r
o	o	p	z	s	y	u	v
w	m	o	o	s	e	w	x
l	m	q	r	b	e	a	r
s	q	u	i	r	r	e	l

 owl

 bear

 moose

 beaver

 raccoon

 squirrel

Toy Time

Directions: Find and circle the words in the puzzle.

```
b t r a i n b a t x
i g t c d g a m e p
k a o e b a l l n c
e t p f h k r m o s
d o l l p t s p q z
j k o b l o c k l p
```

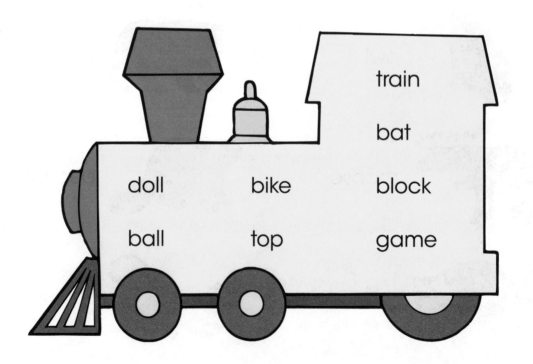

train

bat

doll   bike   block

ball   top   game

On the Shore

Directions: Find and circle the words in the puzzle.

s	u	s	b	l	o	r
t	s	a	n	d	w	a
s	h	i	p	s	q	f
h	e	l	z	w	r	x
o	l	s	h	i	n	e
r	l	u	y	m	p	y
e	s	n	o	n	e	l

ship	sand	shore	sail	swim
	shells	sun	shine	

Underwater

Directions: Find and circle the words in the puzzle.

```
g l w o t b d c f s r a
s e a l s f o t i e w o
h a t w h a l e s a x p
e b p a r t p j h w z l
l y l t i d h e z e f a
l b t e m e i m x e b n
s r g r p q n r o d l t
a o n l e x s h a r k s
```

water	seals
sharks	fish
shrimp	plants
shells	whales
dolphins	seaweed

At the Pet Shop

Directions: Find and circle the words in the puzzle.

cage	brushes	collars	guppies	food
mice	fish	toys	birds	dogs

```
c o l l a r s g
b r u s h e s u
f a m d t c g p
i c i o o a f p
s e c g y g o i
h z e s s e o e
b i r d s r d s
```

Starting Out

Directions: Fill in the blanks with **dr**, **fr**, **gr**, or **tr**. Then, find and circle the words in the puzzle.

1.  _____ apes

2. _____ og

3. _____ ee

4. _____ um

5.  _____ ain

6.  _____ ink

7.  _____ ame

8.  _____ ess

d	h	a	g	r	a	p	e	s	k
r	f	b	f	r	a	m	e	j	d
e	r	i	n	o	t	r	e	e	r
s	o	c	d	w	m	l	p	g	u
s	g	w	d	r	i	n	k	q	m
t	r	a	i	n	s	e	w	f	r

S Is for Star

Directions: Fill in the blanks with **s**, **sl**, **sm**, **sn**, or **st**. Then, find and circle the words in the puzzle.

1. 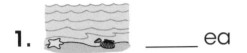 _____ ea

2.  _____ ow

3. _____ ile

4. _____ ar

5.  _____ ail

6.  _____ ide

7.  _____ oke

8. _____ op

s	h	a	s	m	o	k	e	s	s
m	f	s	n	o	w	m	e	e	l
i	s	t	o	p	t	r	e	a	i
l	l	p	u	j	n	b	v	v	d
e	g	s	n	a	i	l	k	q	e
d	e	s	e	u	s	t	a	r	r

Word Opposites

Directions: Draw a line to match each word to its opposite.

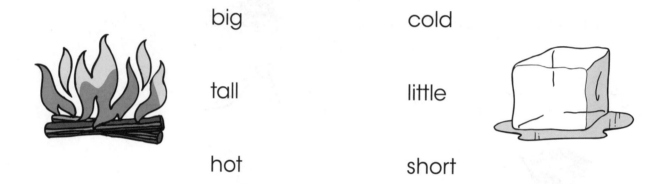

big   cold

tall   little

hot   short

Directions: Find and circle the words in the puzzle.

c	o	l	d	a	l	w	z
d	t	a	l	l	i	x	b
s	t	r	e	c	t	l	i
t	s	h	o	r	t	y	g
u	q	h	p	o	l	n	v
h	o	t	i	j	e	k	m

More Word Opposites

Directions: Draw a line to match each word to its opposite.

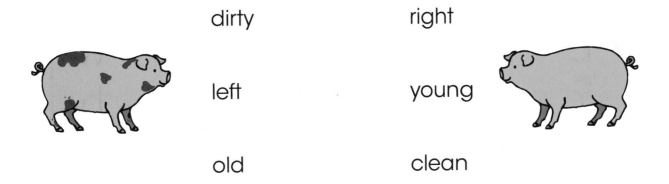

dirty   right

left   young

old   clean

Directions: Find and circle the words in the puzzle.

d	m	v	w	y	x	j	r
i	l	e	f	t	l	k	i
r	n	g	f	t	e	s	g
t	u	c	l	e	a	n	h
y	y	o	u	n	g	r	t
h	i	o	o	l	d	p	q

Colors

Directions: Find and circle the words in the puzzle.

```
b  l  u  e  p  i  n  k
b  l  a  c  k  e  r  w
r  o  r  a  n  g  e  h
o  g  r  e  e  n  d  i
w  p  u  r  p  l  e  t
n  y  e  l  l  o  w  e
```

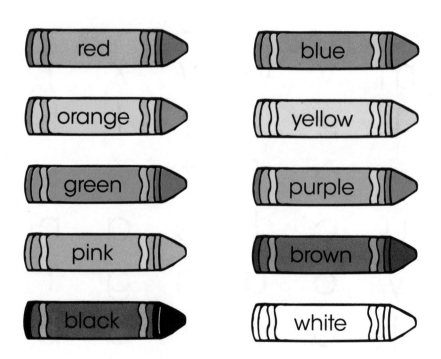

red blue

orange yellow

green purple

pink brown

black white

Numbers 1-10

Directions: Find and circle the words in the puzzle.

w	t	t	o	n	e	r	s
n	w	t	h	r	e	e	f
i	o	u	s	i	x	q	i
n	v	e	i	g	h	t	v
e	f	o	u	r	b	e	e
x	s	e	v	e	n	n	o

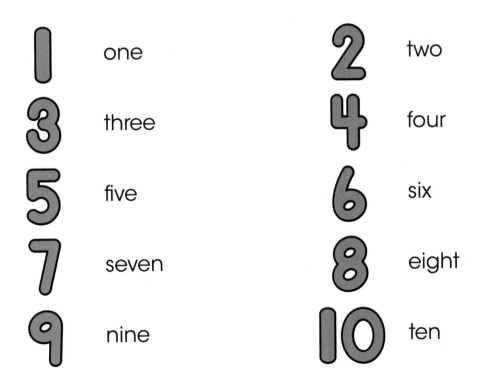

1 one

2 two

3 three

4 four

5 five

6 six

7 seven

8 eight

9 nine

10 ten

How Is the Weather?

Directions: Find and circle the words in the puzzle.

s	w	i	n	d	y	r	c
n	d	a	c	b	n	s	l
o	e	r	a	i	n	y	o
w	q	z	y	o	t	v	u
y	w	a	r	m	u	x	d
p	s	u	n	n	y	w	y

 warm

 rainy

 snowy

 windy

 sunny

 cloudy

Feelings

Directions: Find and circle the words in the puzzle.

a	h	r	a	n	g	r	y
f	i	f	s	l	t	u	s
r	h	a	p	p	y	n	a
a	g	j	q	p	m	o	d
i	e	x	c	i	t	e	d
d	e	k	p	r	o	u	d

 sad

 happy

 afraid

 proud

 angry

 excited

84

Answer Key

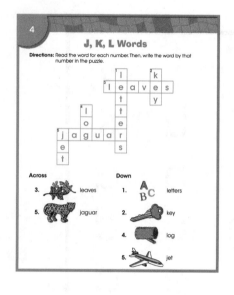

4

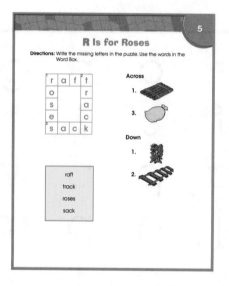

5

6

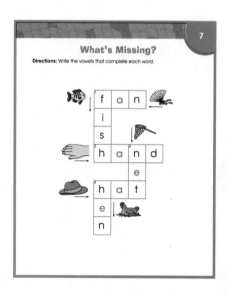

7

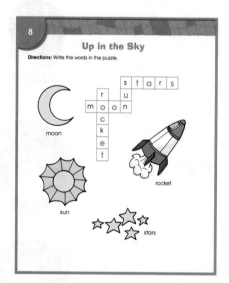

8

9

Crosswords & Word Searches Ages 5+

Answer Key

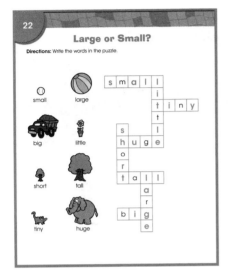

22

23

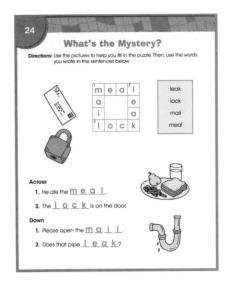

24

25

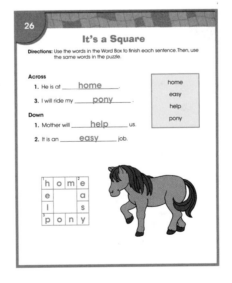

26

27

Answer Key

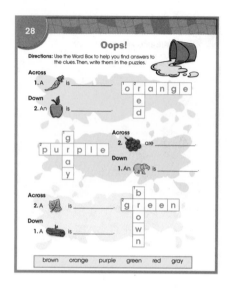

28

29

30

31

32

33

Answer Key

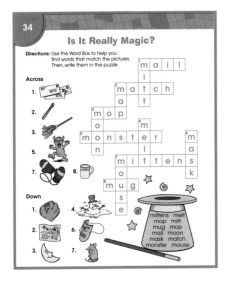

34

35

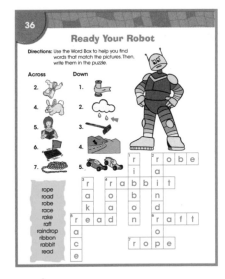

36

37

38

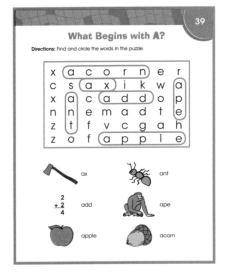

39

Crosswords & Word Searches Ages 5+

Answer Key

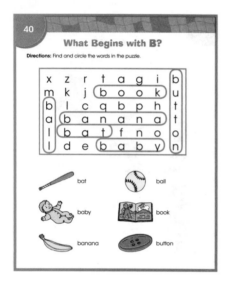

40

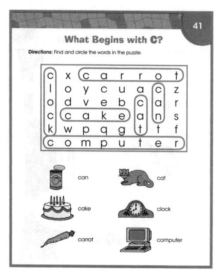

41

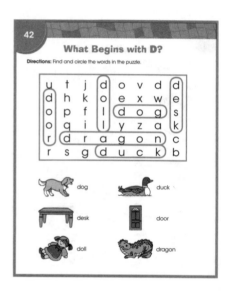

42

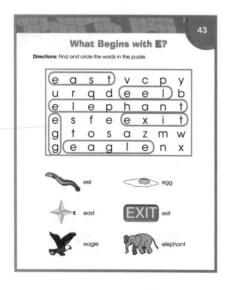

43

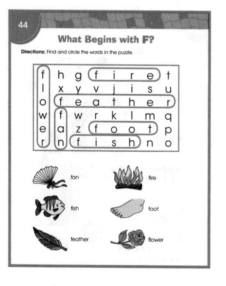

44

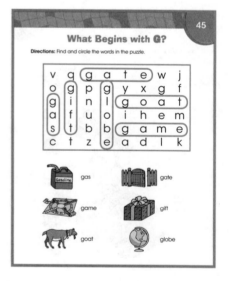

45

Answer Key

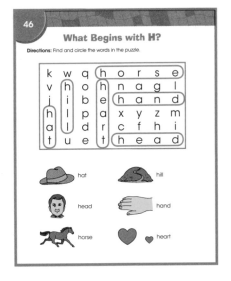

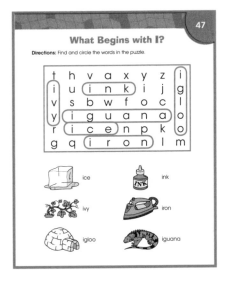

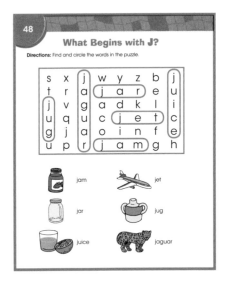

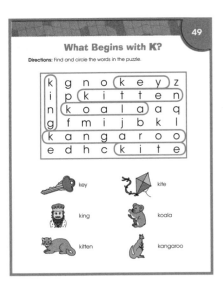

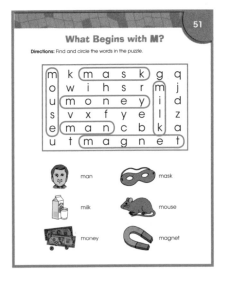

Answer Key

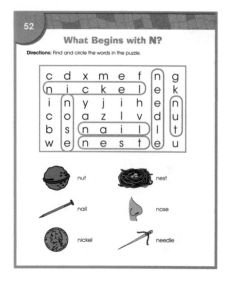

52

What Begins with N?

Directions: Find and circle the words in the puzzle.

```
c d x m e f  n  g
n i c k e l  e  k
i n y j i h  e  n
c o a z l v  d  u
b s n a i l  l  t
w e n e s t  e  u
```

- nut
- nest
- nail
- nose
- nickel
- needle

52

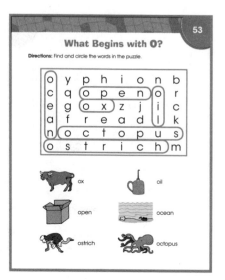

53

What Begins with O?

Directions: Find and circle the words in the puzzle.

```
o y p h i o n b
c q o p e n o r
e g o x z j i c
a f r e a d l k
n o c t o p u s
o s t r i c h m
```

- ox
- oil
- open
- ocean
- ostrich
- octopus

53

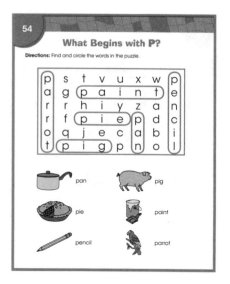

54

What Begins with P?

Directions: Find and circle the words in the puzzle.

```
p s t v u x w  p
a g p a i n t  e
r r h i y z a  n
r f p i e p d  c
o q j e c a n  b o
t p i g p b o  i
```

- pan
- pig
- pie
- paint
- pencil
- parrot

54

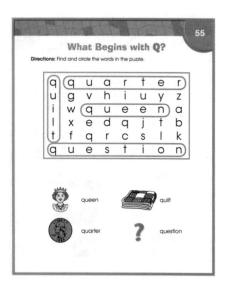

55

What Begins with Q?

Directions: Find and circle the words in the puzzle.

```
q q u a r t e r
u g v h i u y z
i w q u e e n a
l x e d q j t b
t f q r c s l k
q u e s t i o n
```

- queen
- quilt
- quarter
- **?** question

55

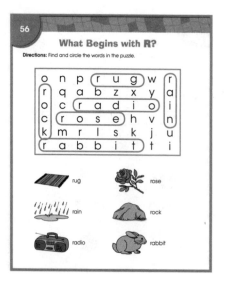

56

What Begins with R?

Directions: Find and circle the words in the puzzle.

```
o n p r u g w  r
r q a b z x y  a
o c c r a d i o  i
c r o s e h v  n
k m r l s k j  u
r a b b i t t  i
```

- rug
- rose
- rain
- rock
- radio
- rabbit

56

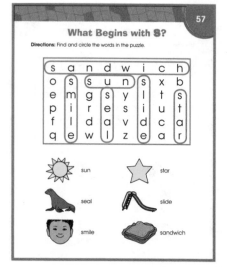

57

What Begins with S?

Directions: Find and circle the words in the puzzle.

```
s a n d w i c h
o s s u n s x b
e m g e y l t a
p i r s e l u s
f l r a v i c t
q e d w z d e a r
```

- sun
- star
- seal
- slide
- smile
- sandwich

57

Answer Key

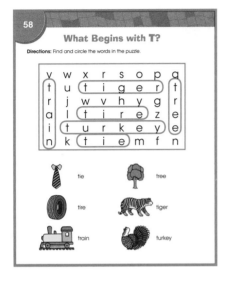

58

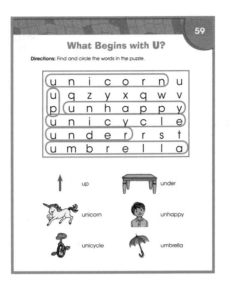

59

60

61

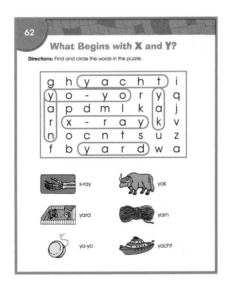

62

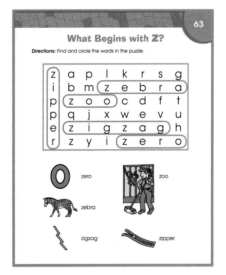

63

Answer Key

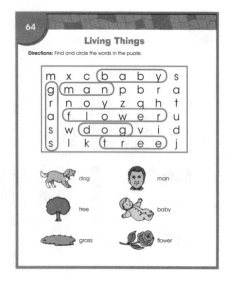

64

Living Things

Directions: Find and circle the words in the puzzle.

```
m x c (b a b y) s
g (m a n) p b r a
r  n o y z q h t
a (f l o w e r) u
s w (d o g) v i d
s  l k (t r e e) j
```

dog   man   tree   baby   grass   flower

64

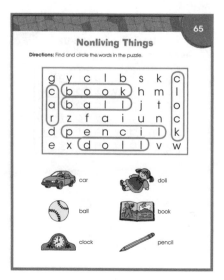

Nonliving Things

Directions: Find and circle the words in the puzzle.

```
g y c l b s k (c
c (b o o k) h m l
a (b a l l) j t o
r  z f a i u n c
d (p e n c i l) k
e x (d o l l) v w
```

car   doll   ball   book   clock   pencil

65

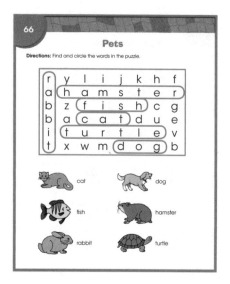

Pets

Directions: Find and circle the words in the puzzle.

```
r y l i j k h f
a (h a m s t e r)
b z (f i s h) c g
b (a c a t) d u e
i (t u r t l e) v
t x w m (d o g) b
```

cat   dog   fish   hamster   rabbit   turtle

66

On the Farm

Directions: Find and circle the words in the puzzle.

```
p r z (h o r s e)
q (p i g) s t j c
(t u r k e y) u o
n x m y l k w w
o (c h i c k e n)
(s h e e p) h v i
```

pig   cow   horse   sheep   turkey   chicken

67

At the Zoo

Directions: Find and circle the words in the puzzle.

```
s (p e a c o c k)
e u v y x b z a
a (g o r i l l a)
l w (s t i g e r)
(e l e p h a n t)
t (g i r a f f e)
```

tiger   seal   giraffe   gorilla   peacock   elephant

68

In the Rainforest

Directions: Find and circle the words in the puzzle.

```
(a n t e a t e r)
s f (j a g u a r)
l b g h j i e c
o (t o u c a n) d
t a (m o n k e y)
h (i g u a n a) z
```

sloth   monkey   jaguar   toucan   iguana   anteater

69

Answer Key

70

In the Ocean
Directions: Find and circle the words in the puzzle.

```
s  s  u  c  r  a  b  j
h  r  t  v  w  l  k  m
a  r  d  o  l  p  h  i  n
r  p  w  h  a  l  e  n
k  q  o  i  f  i  s  h
s  e  a  h  o  r  s  e
```

fish   crab
whale   shark
dolphin seahorse

70

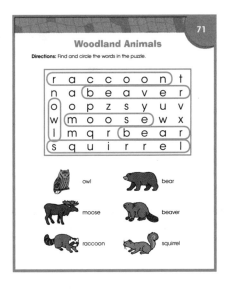

71

Woodland Animals
Directions: Find and circle the words in the puzzle.

```
r  a  c  c  o  o  n  t
n  a  b  e  a  v  e  r
o  o  p  z  s  y  u  v
w  l  m  o  o  s  e  w  x
l  m  q  r  b  e  a  r
s  q  u  i  r  r  e  l
```

owl   bear
moose   beaver
raccoon squirrel

71

72

Toy Time
Directions: Find and circle the words in the puzzle.

```
b  t  r  a  i  n  b  a  t  x
i  g  t  c  d  g  a  m  e  p
k  a  o  e  b  a  l  l  n  c
e  t  p  f  h  k  r  m  o  s
d  o  l  l  p  t  s  p  q  z
j  k  o  b  l  o  c  k  l  p
```

train
bat
doll bike block
ball top   game

72

73

On the Shore
Directions: Find and circle the words in the puzzle.

```
s  u  s  b  l  o  r  t
t  s  a  n  d  w  a
s  h  i  p  s  q  f
h  e  l  z  w  r  x
o  l  o  s  h  i  n  e
r  l  u  y  m  p  y
e  s  n  o  n  e  l
```

| ship | sand | shore | sail | swim |
| shells | sun | shine | | |

73

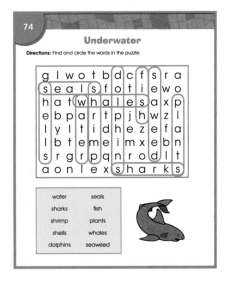

74

Underwater
Directions: Find and circle the words in the puzzle.

```
g  l  w  o  t  b  d  c  f  s  r  a
s  e  a  l  s  f  o  t  i  e  w  o
h  a  t  w  h  a  l  e  s  a  x  p
e  b  p  a  r  t  p  j  h  w  z  l
l  y  l  t  i  d  h  e  z  e  f  a
l  b  t  e  m  e  i  m  x  e  b  n
s  r  g  r  p  q  n  r  o  d  l  t
a  o  n  l  e  x  s  h  a  r  k  s
```

water	seals
sharks	fish
shrimp	plants
shells	whales
dolphins	seaweed

74

75

At the Pet Shop
Directions: Find and circle the words in the puzzle.

| cage | brushes | collars | guppies | food |
| mice | fish | toys | birds | dogs |

```
c  o  l  l  a  r  s  g
b  r  u  s  h  e  s  u
f  a  m  d  t  c  g  p
i  c  i  o  o  a  f  p
s  e  c  g  y  g  o  i
h  z  e  s  s  s  e  e
b  i  r  d  s  r  d  s
```

75

Just Puzzling!   Crosswords & Word Searches Ages 5+

Answer Key

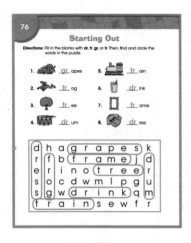

76 — Starting Out
Directions: Fill in the blanks with dr, fr, gr, or tr. Then, find and circle the words in the puzzle.

1. gr apes
2. fr og
3. tr ee
4. dr um
5. tr ain
6. dr ink
7. fr ame
8. dr ess

```
d h a g r a p e s k
r f b f r a m e j d
e r i n o t r e e r u
s o c d w m l p g r u
s g w d r i n k q m
t r a i n s e w f r
```

76

77 — S Is for Star
Directions: Fill in the blanks with s, sl, sm, sn, or st. Then, find and circle the words in the puzzle.

1. s ea
2. sn ow
3. sm ile
4. st ar
5. sn ail
6. sl ide
7. sm oke
8. st op

```
s h a s m o k e s s
m f s n o w m e e l
i s t o p t r e a i
l l p u j n b y s d
e g s n a i l k q e
d e s e u s t a r r
```

77

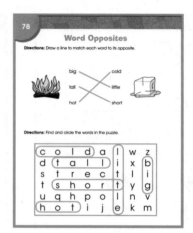

78 — Word Opposites
Directions: Draw a line to match each word to its opposite.

big — cold
tall — little
hot — short

Directions: Find and circle the words in the puzzle.

```
c o l d a l w z
d t a l l i x b
s t r e c t y l i
t s h o r t y n g
u q h p o l k v
h o t i j e k m
```

78

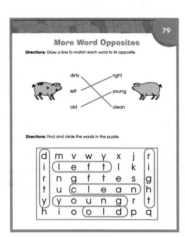

79 — More Word Opposites
Directions: Draw a line to match each word to its opposite.

dirty — right
left — young
old — clean

Directions: Find and circle the words in the puzzle.

```
d m v w y x j r
i l e f t l k i
r n g f t e s g
t u c l e a n h
y y o u n g r t
h i o o l d p q
```

79

80 — Colors
Directions: Find and circle the words in the puzzle.

```
b l u e p i n k
b l a c k e r w
r o r a n g e h
o g r e e n d i
w p u r p l e t
n y e l l o w e
```

red   blue
orange   yellow
green   purple
pink   brown
black   white

80

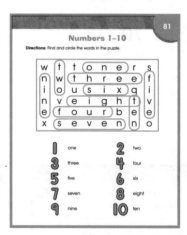

81 — Numbers 1–10
Directions: Find and circle the words in the puzzle.

```
w t t o n e r s
n w t h r e e i
i o u s i x q v
n v e i g h t e
e f o u r b e o
x s e v e n n
```

1 one   2 two
3 three   4 four
5 five   6 six
7 seven   8 eight
9 nine   10 ten

81

82 — How Is the Weather?
Directions: Find and circle the words in the puzzle.

```
s w i n d y r c
n d a c b n s l
o e r a i n y o
w q z y o t v u
y w a r m u x d
p s u n n y w y
```

warm   rainy
snowy   windy
sunny   cloudy

82

83 — Feelings
Directions: Find and circle the words in the puzzle.

```
a h r a n g r y
f i f s l t u s
r a h a p p y n a
a g j q p m o d
i e x c i t e d
d e k p r o u d
```

sad   proud
happy   angry
afraid   excited

83